Extrait de la Revue de l'Anjou

Croquis Chinois

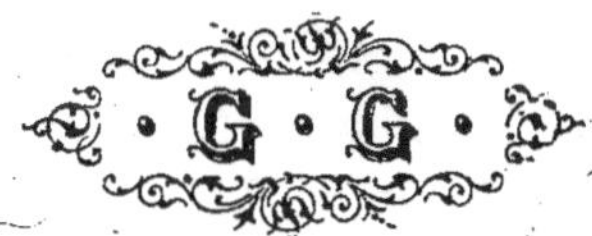

ANGERS

GERMAIN & G. GRASSIN, IMPRIMEURS-LIBRAIRES

40, rue du Cornet et rue Saint-Laud

1903

Croquis Chinois

Extrait de la Revue de l'Anjou

Croquis Chinois

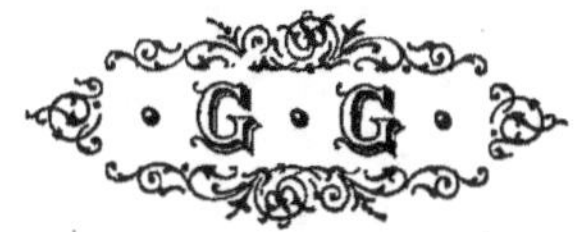

ANGERS

GERMAIN & G. GRASSIN, IMPRIMEURS-LIBRAIRES

40, rue du Cornet et rue Saint-Laud

.1903

CROQUIS CHINOIS

I

Quang-Tchéou-Wan

10 mars 1902.

Entre Haïphong et Quang-Tchéou, il m'a fallu reprendre
la mer pendant quarante-huit heures. Grâce à deux escales
en cours de route à l'heure des repas, et à un séjour
prolongé dans ma couchette pendant la plus grande partie
du voyage, j'ai pu encore une fois échapper aux affres du
mal de mer et débarquer, l'estomac tranquille et le cœur
ferme, à ma nouvelle destination.

Ma villégiature d'été n'a encore aucune prétention de
faire concurrence à Royan, voire même à la Bernerie,
Préfailles ou le Pouliguen. Il y a deux ans, d'autres pieds
européens n'en avaient guère foulé le sol que ceux du bon
vieux missionnaire, le Père Ferrand, qui depuis près de
trente ans évangélise la Chine et avait en dernier lieu fixé
sa résidence à Quang-Tchéou-Wan.

En 1898, Doumer, alors gouverneur général de l'Indo-
Chine, désireux d'assurer sur la côte d'Extrême-Orient un
point d'appui pour la flotte, jeta son dévolu sur la baie de
Quang-Tchéou. Y ayant envoyé des troupes, il s'emparait,
après deux affaires assez sérieuses, d'un territoire qui

s'étend autour de la baie sur un rayon d'une vingtaine de kilomètres.

Seulement, comme l'unique façon jusqu'ici connue de montrer aux gens qu'on est le maître d'un pays est d'y maintenir des troupes, il a été décidé que pour conserver notre concession on y laisserait une batterie d'artillerie, plus une compagnie de tirailleurs et un bataillon d'infanterie coloniale. Voilà comment je suis, depuis huit jours, installé comme lieutenant à la batterie de Quang-Tchéou-Wan.

C'est d'ailleurs improprement qu'on l'appelle ainsi, ce nom de Quang-Tchéou désignant une baie et le territoire tout entier qui nous appartient. Ma batterie est pour le moment casernée à Hoï-Téou, sur un plateau fortifié qui domine le village de Fort-Bayard, où sont cantonnées toutes les autres troupes.

Fort-Bayard qui, d'après les plans toujours grandioses de Doumer, est appelé à devenir une grande ville en Extrême-Orient, n'est pour le moment qu'un San-Francisco en herbe, et même en herbe naissante. En dehors des bâtiments militaires actuellement terminés ou en cours d'achèvement ; de deux commerçants-restaurateurs européens, dont les établissements abritent, à l'heure de l'apéritif, les amateurs de manille ; de quelques *cagnas* (huttes) chinoises, éparpillées çà et là sur le sol sablonneux, il serait difficile de signaler autre chose qui pût donner à Fort-Bayard l'aspect d'une ville. — Ah ! que diable !... j'allais oublier de vous signaler la *grrrande* rue de l'Alger, — cinquante mètres de long sur six de large, — où se trouve concentrée, dans les *cagnas* qui la bordent, toute la vie commerciale du moment.

On est en train, il est vrai, de tracer des avenues et des routes avec une prodigalité absolument compréhensible, puisque le terrain ne coûte rien. Malheureusement, il n'y manque pour les embellir et leur donner l'aspect rêvé que quelques hôtels genre Parc-Monceau ou Champs-Élysées. Plus tard, dit-on, ce sera cela... ou à peu près, si l'on s'en rapporte aux plans, car on a prévu tous les bienfaits du luxe et du confort modernes, jusqu'à un théâtre où pourront quelque jour, tout en venant prendre l'air d'une plage exotique, s'exhiber les ténors de l'Opéra-Comique où les basses chantantes de l'Opéra. Sans compter qu'à ce moment un bon *sleeping-car*, pris à la gare de l'Est ou du Nord, vous amènera, non pas sans doute encore d'un seul trait de sommeil, mais au moins sans risque de mal de mer, jusqu'à un *Terminus* ou à un *Quang-Tchéou-Palace* de la localité. Pour le coup, enfoncé Trouville ! Il sera devenu le vulgaire petit trou pas cher,

Hélas ! avant la réalisation de tous ces beaux rêves, pas mal de marées auront à monter et à descendre dans la rade de Quang-Tchéou. En attendant, les habitants de la ville future n'ont que la ressource d'adresser à leurs concitoyens de France la même supplique que ce diable de Voltaire :

> Envoyez-nous des Amphions,
> Sans quoi nos peines sont perdues :
> A Versoix nous avons des rues,
> Mais nous n'avons pas de maisons.

Pour l'instant, je suis logé dans un bâtiment en torchis, recouvert en paillotte. Figurez-vous la vieille écurie en pan de bois de la plus antique de nos fermes ; supposez-la en état suffisant de conservation, carrelée et percée de deux fenêtres : voilà mon *home* actuel. Les murs sont toutefois passés convenablement à la chaux, et le plafond assuré au moyen de sacs à paddy joints l'un à l'autre, et offrant une deuxième ligne de défense contre la pluie, au cas où la première, constituée par le toit proprement dit, viendrait à céder sous les coups trop violents ou trop répétés de l'adversaire...

II

Le Père Ferrand et sa Cathédrale

24 mars 1902.

Parmi les connaissances faites depuis mon arrivée, je mets en première ligne celle du bon vieux Père Ferrand, le missionnaire de Quang-Tchéou. Je l'avais seulement nommé dans ma dernière lettre : je reviens avec plus de loisir à sa vénérable figure.

Donc, le Père Ferrand, après avoir fait en qualité de sergent-major la campagne de 1870, éprouvant sans doute le besoin d'acquérir des mérites pour son âme, et peut-être aussi pour celles des Prussiens qu'il aurait pu envoyer dans l'autre monde, résolut de remettre son sabre au magasin d'armement de son corps. Abandonnant l'étude passionnante de la théorie militaire, la confection de ses cahiers d'ordinaire, de ses contrôles trimestriels, et une foule d'autres travaux de ce genre aussi variés que littéraires, il se jeta, à manches retroussées, dans l'étude de la grammaire latine et, plus heureux que beaucoup d'officiers, parvint à se faire donner promptement une mission... étrangère, en Chine.

Depuis plus de vingt-cinq ans qu'il est parti de France pour évangéliser dans tout le sud-est de la Chine, il a fréquenté, comme bien on pense, une belle quantité de Célestes. Le contact continuel qu'il avait avec eux, en dehors de tout élément européen, avait fini par lui faire

perdre à peu près tout-à-fait l'usage de sa langue mater-
nelle. Au moment où nous sommes venus nous installer à
Quang-Tchéou il a dû, paraît-il, faire effort pendant quelque
temps pour retrouver une élocution courante. Encore est-il
qu'on ne saurait lui signer un brevet d'orateur quand on
assiste à ses sermons du dimanche. C'est du pur style à
sabre rompu !

Il est vrai que le théâtre de ses exploits oratoires serait
vraiment trop indigne d'un prédicateur de première classe.
On verrait mal un Monsabré dans la modeste chambre qui
sert, ou plutôt servait d'église à Quang-Tchéou. Dimanche
prochain, en effet, jour de Pâques, on inaugure la cathé-
drale. Il serait plus exact d'écrire simplement qu'on y
dira la messe pour la première fois, le terme d'inauguration éveillant l'idée d'un achèvement complet, ou peu
s'en faut. Ce n'est certes pas le cas ! A peine le chœur
aura-t-il eu le temps d'être passé à la chaux : et les assis-
tants tâcheront de se caser entre les montants des écha-
faudages. La place, du reste, ne leur manquera pas, si
j'en juge toutefois par le petit nombre d'Européens qui
viennent assister à la messe depuis les trois dimanches où
j'y vais moi-même : la religion est loin d'atteindre par ici
le degré de la température !

Pourtant, grâce à quelques soldats de bonne volonté, se
rappelant sans doute des leçons de plain-chant reçues au
pays, la cérémonie revêt des allures de grand'messe : on y
chante l'*Introït*, le *Kyrie*, etc... L'accompagnement fait
pour l'instant totalement défaut. Jusqu'à ces derniers
temps, il était assuré par un accordéon que faisait souffler,
paraît-il, avec une connaissance approximativement suffi-
sante, un brave marsouin ; malheureusement pour la
grand'messe, l'heure du rapatriement a sonné. L'accordéon et son propriétaire ont repris, bras dessus, bras
dessous, la route de France, et je n'ai pu entendre jusqu'à
présent que le concert des voix humaines s'élever à la

hauteur du plafond de la pauvre chambre-oratoire du vénérable Père Ferrand.

Un successeur du marsouin à soupapes est bien en ce moment à l'étude, mais son jeune talent ne lui permet pas encore de se produire en public...

III

Grandes manœuvres et fêtes officielles

16 avril 1902.

Mon déplacement inopiné en Chine et les occupations qu'il a entraînées vous font attendre depuis longtemps le récit que je vous avais promis de mes manœuvres au Tonkin et des fêtes de Hanoï, auxquelles j'ai assisté. J'ai retrouvé du loisir, et je m'exécute aujourd'hui.

Le jour même du mardi-gras, je prenais la chaloupe pour Sontay, afin de rejoindre le poste que je devais occuper pendant le cours des manœuvres, avec le même titre que l'année dernière : celui d'adjoint au commandant du groupe des batteries de Sontay.

Le vendredi, nous partions dans la direction de Hanoï, où nous arrivions après deux jours de route sans incidents. De là, nous gagnions Bac-Ninh, Dap-Cau et Phu-Lang-Thuong. A deux kilomètres de ce dernier point, les batteries établissaient leurs cantonnements, où elles devaient rester pendant les quatre jours des opérations proprement dites. J'étais installé dans une *cagna* annamite, dans laquelle mon fidèle Than, grâce à deux bottes de paille, à une petite table et à une écuelle de cuivre trouvées sur place, m'avait disposé une chambre à coucher, avec table de toilette suffisamment confortable. Pendant trois jours — ou plutôt trois nuits — j'ai dormi là à poings fermés, et c'est presque avec regret que j'ai quitté ce petit coin. J'y avais déjà mes habitudes : et j'avais certainement excité au plus haut point la curiosité des habitants, et particulièrement des enfants, qui, pendant tout mon séjour sous leur toit, se sont constitués mes fidèles gardes du corps. Ils n'ont pas perdu un seul de mes faits et gestes et ne se décidaient à partir le soir que lorsque j'éteignais la bougie, dans le but de reprendre des forces pour la bataille du lendemain. Il était même absolument comique de les voir *louqsir* (regarder), comme on dit en langage franco-annamite, la façon dont je me débarbouillais, brossais mes cheveux et surtout accrochais mes bretelles, du modèle que vous connaissez. Ils ont du reste accepté avec reconnaissance les vingt *cents* que je leur ai donnés au moment de mon départ.

Des manœuvres elles-mêmes je ne vous parlerai pas, car vous n'auriez aucun plaisir à apprendre que telle batterie, avec telle compagnie pour soutien, était placée à tel endroit, et vous êtes certainement persuadé d'avance que le parti vainqueur a battu le parti vaincu. J'arrive donc sans retard à la pièce intéressante : la revue finale passée sur le champ de courses de Phu-Lang-Thuong.

Le pittoresque en était rehaussé par la présence du roi d'Annam, Than-Thaï, qui avait été invité à se déplacer jusqu'au Tonkin pour assister aux fêtes données à l'occasion de l'inauguration du pont de Hanoï et du départ du gouverneur. Ce roi d'Annam, ou plutôt ce roitelet, que nous avons nous-mêmes placé sur le trône, à la condition qu'il serait bien gentil et bien sage et qu'il nous laisserait faire tout ce que nous voudrions, est donc venu au Tonkin avec une suite digne de lui. Il l'aurait toutefois voulue plus nombreuse encore, car il avait eu dessein d'amener avec lui ses trois cents femmes, pour les faire participer à cette petite fête de famille. On lui a fait entendre, avec des ménagements, qu'il convenait d'en réduire le nombre à dix :

ce qu'il a fait. De bonne grâce ou non ? la chronique est muette sur ce point.

Donc, le jour de la revue, Than-Thaï, revêtu de son plus bel uniforme, tout brillant d'or et de pierreries, coiffé d'un bonnet cylindrique de même étoffe que la robe, contemplait, assis aux côtés du gouverneur général, le défilé des troupes. Dans la tribune, se trouvaient mêlés à la population européenne tous les grands dignitaires, les frères du roi, les ministres, les principaux mandarins, et jusqu'à d'anciens chefs pirates ayant fait leur soumission, ne semblant pas avoir la conscience autrement gênée du meurtre de bon nombre de leurs concitoyens, et même de Français ; quelques-uns, — chose à peine croyable ! — décorés de la Légion d'Honneur. Tout ce monde chamarré sur toutes les coutures, dans des tenues dont le grotesque était encore accru par l'air d'impeccable dignité de ceux qui les portaient.

Après la revue, un banquet réunissait, dans des agapes — disons comme M. Rostand — protocolaires, tous les dignitaires français et annamites, et le soir même le train ramenait gouverneur, roi, ministres, mandarins et chefs pirates honoraires dans la bonne ville de Hanoï.

Le lendemain commençaient les fêtes. Le signal en a été marqué chez les Annamites par l'autorisation d'établir des jeux de *bacquang*. C'est la roulette des Européens. Or, comme j'ai eu l'occasion de vous l'écrire déjà, l'Annamite est joueur comme les cartes et perdra jusqu'à sa dernière veste avec le flegme le plus imperturbable. Par malheur, il jouera avec le même flegme la veste de son voisin, s'il peut la lui voler. Aussi les jeux qui, avant la conquête, étaient établis à longueur d'année, ont-ils été supprimés, pour mettre fin aux nombreux vols dont étaient victimes les Européens, et tolérés seulement à l'époque des fêtes. C'est l'instant de boucler solidement ses portes et de fermer ses contrevents. Un de mes camarades en sait quelque chose : il a été cambriolé en règle pendant les manœuvres, très vraisemblablement par des pontes à la recherche de capitaux pour jouer le *bacquang !*

Donc, pendant que son féal peuple se livrait à son sport favori, le roi Than-Thaï était trimballé, au cours de la première journée, à diverses séances officielles : inauguration de l'École de Médecine, remise de décorations aux colons, etc... Le soir, il était invité à une soirée-concert au gouvernement général. Ma haute situation de lieutenant n'était pas un titre suffisant pour être invité. C'est donc seulement par ouï-dire que j'ai appris un incident tout ruisselant, si je puis ainsi parler, de couleur locale. A un certain moment, au cours du concert, Sa Majesté, quittant subitement sa place, s'approcha sans façon de la cantatrice-amateur en exercice pour... — comment vous raconter la chose ? — pour s'assurer par lui-même, en employant tout simplement le procédé de saint Thomas, que la poitrine d'où sortait une si belle voix ne brillait pas d'une opulence empruntée... A Londres on eût crié : « *Shocking !* » à en faire crouler le toit ; à Hanoï on s'est contenté de rire de bon cœur, tout en invitant discrètement Sa Majesté à regagner sa place d'honneur.

Le lendemain, le roi, désireux de laisser chez les principaux commerçants de Hanoï un nombre de piastres en rapport avec sa dignité et ses richesses, parcourut les magasins. J'ai eu la bonne fortune de me trouver au grand bazar de Hanoï en même temps que lui. Après avoir parcouru, la cigarette aux lèvres, les divers rayons du magasin, achetant tout ce qui lui passait par la tête — jusqu'à des aiguillettes d'état-major, — séduit, sans doute, par l'agréable silhouette d'une des vendeuses, il en demanda le prix d'achat et sortit tout décontenancé quand on lui eut répondu que cet article faisait partie intégrante de la maison et qu'il n'était pas à vendre.

Il n'a pas, du reste, été plus heureux l'après-midi, lorsqu'après le carrousel qui lui avait été offert par l'escadron de chasseurs annamites, il s'est porté acquéreur du lieutenant commandant la reprise. On a dû lui faire comprendre que les hommes, pas plus que les femmes, n'étaient à vendre en ce pays, pas même les Auvergnats, s'il s'en fût trouvé dans l'assistance.

Le soir, pour le consoler, on l'emmena au théâtre. S'il a été intéressé, il aura eu plus de chance que moi : on nous a servi toutes les vieilles rengaines du repertoire. Si au moins l'interprétation en eût été convenable !

Le troisième jour des réjouissances comprenait une bataille de fleurs, une fête vénitienne sur le lac, et enfin un bal quasi-fermé au Cercle de la ville. La bataille de fleurs avait été précédée d'une sorte de cavalcade, ou plutôt d'exhibition de chars confectionnés par les divers services et par les commerçants de la ville. Au premier rang marchait le char de l'armée, auquel du reste a été décerné le premier prix. Honneur aux armes ! Parmi les autres on pouvait remarquer celui de la boulangerie, sorte de Moulin de la Galette, des entrailles duquel sortait une avalanche de gâteaux distribués avec générosité au populaire par un des honorables commerçants de la partie. Celui-ci, dans la tenue de son emploi, les manches retroussées, s'acquittait avec zèle de sa tâche, ce qui ne l'a pas empêché de se trouver, le soir, au nombre des heureux invités du bal quasi-fermé du Cercle. Cela peut vous donner une idée des bals ouverts de la vénérable Société Philharmonique...

La bataille de fleurs qui suivait le défilé des chars a été plus exactement une bataille de *confetti* qui s'est livrée dans la tribune officielle. Le gouverneur, en tête, lançait les projectiles. On trouve la chose très drôle : je le veux bien ; mais pour ma part je la considère comme cordialement bête. Durant la bataille, évoluaient devant la tribune des voitures fleuries où se prélassaient, en compagnie de quelques Messieurs, quelques dames, dont la plupart, quand elles étaient petites, auraient été fort étonnées d'apprendre qu'un jour viendrait où il leur serait donné de parader devant aussi officielle assemblée. Je me hâte d'ajouter que toutes étaient les épouses heureuses, — je l'espère pour elles, — de leurs heureux maris, — je l'espère pour eux, — fonctionnaires ou colons.

Comme je viens de le dire, la soirée s'est terminée par un bal quasi-fermé, qui aura marqué le chant du cygne de mes états mondains à Hanoï : je devais embarquer le surlendemain pour ma villégiature actuelle de Quang-Tchéou-Wan. Parmi les jeunes filles, sœurs, belles-sœurs ou filles de fonctionnaires qui viennent demander aux colonies, à défaut de la santé, un placement plus facile et plus avantageux, j'ai récolté pour mon cotillon une nouvelle débarquée qui valsait à ravir, et je vous assure que je me suis mis dans les jambes un nombre assez respectable de kilomètres pour pouvoir attendre sur ce souvenir ma rentrée prochaine dans les salons de France. Je n'aurai jamais plus sans doute l'occasion de retrouver ma brillante et jolie valseuse qui, débarquée depuis peu de Paris, appréciait avec dédain Hanoï et ses habitants, — sauf à faire bientôt peut-être paix et alliance avec l'un d'eux ; — mais je n'oublierai certes pas de sitôt toutes les valses que j'ai tournées en sa compagnie.

Couché à cinq heures du matin, je n'ai pas eu le courage de me lever à huit pour assister à l'inauguration du pont de Hanoï et de la ligne d'Haïphong. Le train gouvernemental, dans lequel avaient pris place le gouverneur rentrant en France, sa famille, le roi d'Annam et tous les hauts dignitaires de la colonie, quitta la gare de Hanoï et s'arrêta à l'entrée du pont, devant une estrade où l'on parla et l'on but avec vigueur et chaleur — en l'honneur des illustres voyageurs descendus de leur train. Après quoi ce même train s'ébranla de nouveau, emportant ces mêmes voyageurs. On le vit s'avancer majestueusement sur le

pont, le traverser, gagner l'autre rive et disparaître au
premier tournant en lançant ses gerbes de vapeur, comme
un dernier salut de celui qui, après avoir présidé pendant
plus de cinq ans aux destinées du Tonkin, s'en allait en
France piquer un nouveau plongeon dans les eaux poli-
tiques et briguer les suffrages des électeurs pour un man-
dat législatif...

IV

L'arrivée du Vaguemestre

15 mai 1902.

Aucune lettre de France ne m'est parvenue au dernier courrier... J'aime à croire que c'est la faute de la poste, et que ce retard ne provient pas de celui que vous auriez mis dans l'envoi de votre correspondance [1]. Quoi qu'il en soit, me voici privé cette fois de mon aliment semi-hebdomadaire, et j'en ai d'autant plus de regrets qu'il est plus impatiemment attendu.

Le courrier est pourtant ici le si bien venu! Généralement il arrive en rade le soir vers cinq ou six heures : le temps d'en faire la répartition à terre entre les différents services, et notre vaguemestre remonte vers le camp pour y arriver d'habitude entre le rôti et le fromage; — les poires ne sont pas ici article de consommation. Non seulement on est impatient de l'entendre frapper à la porte de la popote, mais on épie même le bruit de sa marche sur le sable. — Voici des pas qui se rapprochent : est-ce lui? Tiens, mais il est en avance, aujourd'hui : nous n'en sommes qu'au traditionnel bouilli. — Fausse alerte! les pas s'éloignent, leur bruit emporte avec lui l'espoir que nous avons caressé pendant un instant... De nouveaux pas, mais de nouveau pas... de vaguemestre! Alors on cherche à tuer le temps en causant, l'esprit et surtout les

[1] Conjecture exacte. (Note du destinataire.)

oreilles ailleurs. Voici le rôti fini, et rien encore... Enfin, c'est pour de bon, cette fois : le battement régulier des gros souliers grandit, grandit... — Toc, toc! — Entrez! Voilà le bienheureux courrier! Et, avant même que des étuis-musettes où elles sont renfermées les dépêches aient eu le temps de sortir au jour, un machinal : « Avez-vous quelque chose pour moi? » oblige le vaguemestre à détourner la tête vers son interlocuteur et à retarder d'autant la distribution. Quand c'est « oui », tout est bien! On saisit son paquet de lettres, et alors c'est pour un instant la trêve complète de toute opération dinatoire. On ouvre, on parcourt... Rien de nouveau?... Tout va bien... C'est l'épreuve avant la lecture. Celle-ci ne se fait qu'après le dîner : on a hâte de rentrer chez soi savourer la littérature amie, qu'on relit bien deux fois pour commencer, puis une troisième fois dans le lit, avant de s'endormir, et peut-être bien encore une quatrième le lendemain, au moment de la sieste ; ça facilite la digestion du déjeûner!

Sentez-vous quelle douche, quand le vaguemestre se voit forcé de répondre par la négative à la traditionnelle question! C'est ce qui m'est arrivé la dernière fois : mais j'espère bien que, dans huit jours, je serai dédommagé par une ample moisson de nouvelles. C'est du moins la grâce que je me souhaite!

V

L'Ile de Nau-Chau

15 mai 1902.

L'île de Nau-Chau, située à l'extrémité sud-ouest de la rade de Quang-Tchéou, est distante de trois heures de mer environ de Fort-Bayard. L'Administrateur ayant eu occasion de s'y rendre, avec différents soumissionnaires possibles, pour y étudier la construction d'un phare, j'avais été autorisé à prendre place sur la chaloupe qui devait effectuer la traversée. Cette traversée ne présente, à vrai dire, aucune particularité. On navigue constamment en vue de la côte à droite et à gauche, et à l'abri du mal de mer, sauf pendant l'heure où l'on se trouve sur le banc d'entrée du chenal, et où l'on pique à droite pour gagner l'île, ayant à sa gauche la pleine mer. Celle-ci, du reste, n'était pas mauvaise, de sorte qu'aucun des voyageurs partis le matin à 7 heures n'avait eu la moindre indisposition en débarquant, vers 10 heures, sur la terre ferme de Nau-Chau.

Après avoir mouillé en face du principal village de l'île, nous étions transportés de la chaloupe à terre par des *sampans* (bateaux du pays), dirigés et conduits par des femmes, des « sampanières », ce qui constitue une des curiosités de la région. Il faut savoir, en effet, que la femme chinoise fuit comme la peste le moindre regard de l'européen. Pas plus tard qu'hier, l'une de ces malheureuses m'ayant rencontré à cheval, en compagnie du

commandant Chanzy, dans un chemin creux, s'est littérale-
ment précipitée au milieu d'un buisson, avec les seaux
d'eau qu'elle portait, pour se soustraire à notre vue. Les
sampanières de Nau-Chau font, sous ce rapport, à la règle
une heureuse exception. Elles ne craignent pas d'approcher
leurs barques des chaloupes européennes et de vous adresser d'engageants : « Sampan, sampan, Moussié », pour
vous prendre à bord et vous amener à terre. Elles ont, du
reste, un type spécial, différent de celui des Chinoises civi-
lisées, femmes des commerçants de Fort-Bayard ; c'est un
peu le modèle espagnol, avec de grands yeux noirs et
intelligents.

Pendant que ces sampanières travaillent sur leurs
bateaux, leurs maris, pères, ou frères sont employés comme
coolies dans les villages. Le soir, tout ce monde se retrouve
au foyer de famille. Tout à fait digne, le foyer de famille !
Bâti sur la plage même, il ne comprend qu'un seul étage :
un premier, sans rez-de-chaussée. Voici la chose.

Pour éviter que d'indiscrètes marées ne viennent, de
temps à autre, troubler pendant la nuit leur quiétude et
leur sommeil, les habitants de ces maisons, qui sont au
bord même de la mer, ont remplacé leur rez-de-chaussée
par une carcasse en bois, en forme de parallélipipède dont
les côtés sont complètement à jour, et les arêtes en bois du
pays, suffisamment dur et solide pour supporter le poids de
la maisonnée. Sur ces pilotis, appuyés ou du moins enfon-
cés très légèrement dans le sol, se dresse le premier étage,
où l'on grimpe par une échelle d'un genre absolument pri-
mitif et spécialement recommandable aux gendres en rela-
tions diplomatiques tendues avec leurs belles-mères. Celles-
ci, pendant les trois mètres de l'escalade, auraient de
fortes chances de perdre l'équilibre ou de mettre le pied
sur un barreau en mauvais état...

Le *home* lui-même, en forme de voûte dont la partie
supérieure peut être élevée de un mètre cinquante à deux

mètres au-dessus du plancher, est divisé dans le sens de la longueur en compartiments, dans chacun desquels grouillent, au milieu d'une saleté absolument repoussante, la vermine, les rats, et toute cette population maritime de l'île. Je pense que plus d'une fois la cité aura été détruite, non par les eaux, mais par le feu : car, les cheminées étant inconnues, la cuisine se fait dans un coin de la *cagna*, où au contact même des planches de la construction brûlent celles qui servent à faire chauffer le riz et autres mets des repas. Vous pouvez juger de l'aspect de ces cagnas, en songeant qu'elles sont à longueur d'année enfumées ainsi pour les besoins du service de la famille. C'est peut-être très hygiénique contre les miasmes, mais c'est singulièrement gênant pour les poumons ; après tout, c'est sans doute une affaire d'habitude. J'avoue, pourtant, n'avoir aucune envie d'essayer du régime !

En quittant la plage et les cagnas des sampanières, on s'enfonce dans l'intérieur de l'île. Le point de direction choisi était le poste de milice, où logent l'administrateur de l'île et sa garde militaire, composée d'un européen et d'une quinzaine de soldats indigènes, sur la fidélité desquels il y a lieu d'avoir une confiance des plus limitées. Il est bon, paraît-il, de n'ouvrir sa porte, le soleil couché, qu'à bon escient, ces Messieurs ne devant pas se faire faute d'expédier, en cas de besoin, un Européen chez Bouddha. La chose s'est déjà produite l'année dernière. Un malheureux garde d'un des postes frontières a été assassiné par ses hommes, à la suite d'un complot dans lequel il avait été décidé qu'on enverrait dans l'autre monde, au cours de la même nuit, son camarade le plus voisin. Je ne sais à quel heureux concours de circonstances celui-ci a dû la vie sauve : toujours est-il qu'il commande en ce moment le poste de Tché-Kam et qu'il va venir faire prochainement l'intérim de Fort-Bayard.

C'est, du reste, une des beautés de l'administration, que

la constitution de cette garde indigène chinoise, recrutée parmi des gens qui nous supportent, mais nous détestent, et qui, s'ils en avaient l'énergie, nous enverraient au large avec la plus grande satisfaction. Au Tonkin, nous avons une population dévouée; les indigènes ont fait leurs preuves quand il a fallu faire le coup de feu, et ils ont, de plus, une antipathie naturelle pour le Chinois. On recruterait là, comme soldats de milice, des hommes sûrs et de confiance. Pourquoi ne le fait-on pas? Mystère et cartons verts...

Cette digression terminée, je reviens sur la route de l'administrateur pour vous dire que chez lui et à sa table ne tardaient pas à donner de sérieux coups de fourchette tous les voyageurs du matin, auxquels la brise de mer avait ouvert très largement l'appétit. Inutile d'ajouter qu'en même temps que les convives, étaient tombés chez lui des paniers de victuailles et de liquides, en nombre suffisant pour assurer le ravitaillement complet des munitions de bouche. Pleuvoir à dix ou douze chez deux personnes, à l'improviste, c'est déjà gentil à Paris ou dans une grande ville; mais ici, où l'on n'a pas la ressource de courir chez le boucher, le charcutier ou le boulanger d'en face, un pauvre amphytrion ne pourrait servir que de bonnes paroles à ses hôtes affamés, — et sans oreilles!

Après déjeuner, tandis que les candidats constructeurs allaient voir l'emplacement du phare, je restais en compagnie de Monsieur et Madame les administrateurs de Quang-Tchéou, à parcourir la ville, ou plutôt la série des trois grands villages qui se trouvent entre la mer et le poste où nous avions déjeûné. Je ne vous décrirai pas ma promenade dans ces villages, ce qui ferait double emploi avec le récit, que j'ai l'intention de vous faire après celui-ci, de ma visite à Tché-Kam. Aspect des rues, manière d'être des gens sont les mêmes : dans quinze jours vous en aurez la description.

Je ne parlerai du retour de Nau-Chau à Fort-Bayard, que pour vous signaler la forte danse que nous avons exécutée, pendant le passage de la barre, par suite de l'éléva- tion soudaine de la brise, et vous dire que pour beaucoup de passagers le déjeuner du matin, malgré son abondance, avait passé comme muscade dans l'estomac des poissons. Encore une fois, pour ma part, je sortais sain et sauf des affres du mal de mer...

VI

Deux jours à cheval... sur la terre et sur l'onde

24 juin 1902.

Il y a une quinzaine de jours, nous partions un matin, le commandant Chanzy, un jeune médecin militaire nouvellement débarqué, et moi, dans l'intention de parcourir la partie est du territoire de notre concession. Montés chacun sur un des bidets du pays, suivis d'un linn à cheval et de deux coolies porteurs de vivres et de bagages, armés de revolvers pour plus de sûreté, nous nous mettions en marche vèrs le poste le plus rapproché de Fort-Bayard dans notre direction, celui de Po-Tao. Fort-Bayard étant, comme j'ai eu l'occasion de vous le dire, sur la partie ouest du territoire, il nous avait fallu d'abord traverser le bras de mer qui forme la baie proprement dite de Quang-Tchéou, pour en gagner la rive de l'est.

Cette traversée, d'un kilomètre de large, s'effectue sur des sampans, bateaux du pays dont je vous ai parlé et sur lesquels vit la smala de chacun de leurs propriétaires. L'embarquement et le débarquement des chevaux constituent l'incident intéressant du passage. A marée haute, un petit appontement permet de débarquer à pied sec, mais l'absence de quai fait qu'à marée basse on est obligé de se confier aux bras de deux coolies qui vous transportent à bord en marchant dans l'eau jusqu'à mi-jambes et vous déposent le plus délicatement du monde à bord du sampan. Seulement pour les chevaux la solution serait beaucoup plus embarrassante, étant donné le peu d'empressement qu'ils mettraient à se confier aux bras de coolies. On est donc forcé de les amener à la main auprès du bateau, et là, par un prodige de gymnastique, en s'accrochant comme de vrais singes, il sautent ou plus exactement grimpent dans le bateau sans avoir besoin d'aucune aide. Le débarquement s'opère par les mêmes procédés et, si parfois la peur de l'eau fait hésiter le sujet, on hâte la solution en le poussant avec énergie, sauf à lui faire piquer un bon plongeon les quatre fers en l'air. C'est, comme vous le voyez, pratique et peu encombrant.

Le débarquement opéré de cette façon sommaire, nous replaçions les selles et les brides et grimpions à cheval dans la direction de Po-Tao. Les quinze kilomètres qui séparent ce poste de milice du bord de l'eau s'effectuent dans une région qui rappelle assez, par son aspect, le Delta du Tonkin. Des cultures vertes s'étendent de tous côtés dans ce pays plat, avec des villages en assez grand nombre; des arbres même, çà et là, reposent un peu l'œil de l'aspect plutôt aride et triste d'Hoï-Téou. La nappe d'eau dont on dispose pour l'arrosage étant très étendue, mais peu profonde, les habitants ont dû creuser de nombreux puits, d'où ils tirent l'eau au moyen d'appareils analogues à nos *vergnes* des maraîchers angevins. Le nombre des puits est tel, dans certains endroits, que je ne crois pas exagérer en vous disant qu'ils sont à cinquante mètres au plus l'un de l'autre.

Les habitants de ce coin de pays, et particulièrement les femmes, paraissent moins sauvages que nos voisins de la rive gauche. D'ailleurs, ils ne sont pas de la même race que ces derniers et ne parlent pas le même idiome. Il importe de remarquer, à ce sujet, que les dialectes sont extrêmement nombreux en Chine et que celui des lettrés de la Cour, le cantonais, n'est entendu que par un très petit nombre de gens du peuple.

Nos quinze kilomètres avalés en une heure et demie environ — notre linn toujours suivant, les coolies toujours trottant, — nous arrivions au poste de Po-Tao. Nous y étions reçus par le garde principal et sa femme, qui, avec l'administrateur, représentent les seuls éléments européens de l'endroit. C'est, pour cette jeune femme, une vie un peu dépourvue de distractions ; mais elle paraît résignée à son sort. Le bonheur, ne l'oublions pas, est essentiellement subjectif. Après un verre de quinquina Dubonnet aimablement offert par notre hôte, nous mettions le cap sur notre gîte de déjeuner, à quinze kilomètres, toujours vers le nord-est et à l'extrême limite de la concession. C'est encore un poste de milice, celui de Leng-Sheung.

A signaler, à deux ou trois kilomètres de Po-Tao, la rencontre que nous avons faite d'un régulier chinois, en permission sans doute. Accompagné de sa femme, il cheminait, porteur d'un parapluie — un beau parapluie de grosse toile bleue — et d'un panier. A notre approche, passant avec célérité et discrétion panier et parapluie à sa *congaïe* (femme), réunissant les deux talons, immobile sur le bord du sentier, il nous esquissait le plus beau salut militaire de son répertoire, pendant que, graves et dignes, nous défilions devant lui. Après notre passage, il reprenait avec non moins de célérité et de discrétion que tout à l'heure son fardeau et son parapluie des mains de sa femme et continuait sa route, heureux du devoir accompli.

Nous-mêmes poursuivions la nôtre à travers le pays, qui changeait bientôt de caractère pour prendre celui d'un immense plateau dénudé, formé de cuvettes dans lesquelles on descend et d'où l'on remonte : un peu, paraît-il, d'après ce que m'en disait le commandant, comme dans le Sahara. C'est diablement triste, le Sahara ! Avant de pénétrer dans cette région, nous avions laissé, à droite et à gauche de la route que nous allions quitter, des monuments que je voyais pour la première fois. Ce sont des arcs de triomphe élevés en plein champ, par les veuves des personnages importants de la contrée, à la mémoire de leurs maris. C'est toute une affaire, que d'élever ces monuments! Il faut l'autorisation de l'empereur, et il y a tout lieu de croire, étant donnée la sage lenteur de Messieurs les Célestes, que la veuve doit être remariée depuis longtemps quand arrive l'autorisation. Ce n'en est donc qu'un exemple plus touchant de fidélité conjugale.

Après avoir traversé, sur une dizaine de kilomètres, cette contrefaçon du Sahara, nous abandonnions pendant quelques instants le territoire français pour nous engager en pleine terre chinoise et passer à un grand marché de la région. Inutile de vous dire que nous avons excité la curiosité de Messieurs les commerçants indigènes, au milieu desquels nous avons dû nous frayer un passage à coups de pieds et de poings, occupés qu'ils étaient tous à discuter affaires, sans se déranger pour nous livrer passage. Si vous voyiez cette foule grouillante, gesticulant dans ces rues étroites et empuanties, les vendeurs trottant avec leurs paniers portés à la balance, comme au Tonkin, l'air furieux des uns, le flegme admirable des autres, vous éprouveriez une sensation qu'il m'est impossible de vous rendre, mais dont la bizarrerie et la haute saveur locale font qu'à ce moment on ne regrette vraiment pas son voyage, quoi qu'il ait pu coûter.

Au moment ou nous allions quitter le marché, un superbe panier de crevettes fixait notre attention et, après nous être arrêtés pour le marchander, nous en devenions les heureux propriétaires pour une somme dont je n'ai plus très bien le souvenir, mais qui, représentant ici un paiement royal, nous aurait certainement valu, de la part de la plus humble poissarde française à laquelle nous l'aurions offerte, une bordée d'injures choisies parmi les meilleures du répertoire de Mesdames de la halle. Je dois à la vérité d'avouer que l'usage que nous aurions fait de notre achat de France eût été probablement meilleur que celui de notre achat chinois. Outre que nos crevettes étaient salées plus que de raison, notre hôte du déjeuner nous a fortement conseillé de n'en pas manger, ignorants que nous étions de la façon dont elles avaient été cuites, et surtout du liquide dans lequel on les avait fait rougir... Tel le gendarme, nous avons obtempéré, et laissé nos crevettes peser sur l'estomac des soldats indigènes du poste.

Continuant notre route, nous laissions à notre droite, peu de temps avant notre rentrée sur la concession, une tour ronde d'un modèle assez répandu dans ces pays-ci, et dite « Tour du bonheur ». Ces sortes de tours sont bâties à l'usage des Chinoises qui n'ont pas d'enfants après un assez long temps de mariage. Ces intéressantes candidates à la maternité viennent s'y enfermer pendant une ou plusieurs nuits en la seule compagnie d'un bonze auquel la liturgie de Bouddha prescrit une liste de cérémonies dont je ne connais pas le détail, mais qui, paraît-il, ont un effet merveilleux par la suite pour le cas qui nous occupe. Très bien alors, et qu'ils fassent donc comme le nègre !

Nos quinze kilomètres avalés depuis Po-Tao, soit trente en tout pour la matinée, nous arrivions à notre gîte de déjeuner et nous étions reçus par le garde principal du poste. J'ai eu déjà occasion de vous parler de ces postes de milice, où un chef européen vit seul au milieu de ses collaborateurs chinois, avec charge de maintenir l'ordre et de faire la police sur la partie du territoire qui lui est dévolue. Celui-ci est le plus éloigné et le plus isolé de tous ceux de la région, à quinze kilomètres de son voisin immédiat, Po-Tao, et à trente de tout moyen de secours vraiment efficace. Or, quand on songe qu'à longueur d'année un homme civilisé y vit en contact unique avec des gens pour lesquels il n'est en somme qu'un diable d'occident ; qu'il voit à peine une fois par mois, et pour quelques heures, un blanc avec lequel il puisse échanger quelques idées, on peut estimer quelle solidité de tête et quelle trempe de caractère il faut avoir pour s'en tirer indemne, je veux dire sans devenir alcoolique et enragé fumeur d'opium. Car c'est malheureusement ici la grosse pierre d'achoppement : l'absinthe et l'opium ont tué beaucoup plus de gens que les balles : et combien de pauvres coloniaux qui sont morts depuis longtemps seraient encore vivants et bien portants sans ces deux terribles passions !

Le poste de Leng-Sheung est situé dans l'enceinte d'une ancienne pagode. La pagode proprement dite sert de logement au garde principal ; il a su en faire disparaître toute la saleté qui y régnait du temps où les Chinois venaient y faire leurs « chims-chims, Bouddha ». Il lui a été impossible de toucher à l'autel et aux tablettes des ancêtres placées sur celui-ci. Pensez donc ! si jamais il avait changé ces tablettes de place, il aurait dérangé l'âme des ancêtres dont le nom y est inscrit et, pour venger ce trouble apporté dans leur éternel repos, leurs descendants, coûte que coûte, en seraient arrivés à lui trancher la tête !

Après un déjeuner cordial et arrosé de champagne, nous nous séparions de notre hôte et, reprenant notre route, nous préparions à gagner le poste de Pa-Lap, situé à une vingtaine de kilomètres. Je n'ai rien à dire de la route, qui ressemblait assez, comme caractère, à celle du matin, et n'ai à signaler que le passage d'un *arroyo* (ruisseau) que nous traversâmes, les hommes sur un mauvais sampan, les chevaux à la nage, — et surtout, hélas ! la survenance pendant deux heures d'une pluie torrentielle, qui nous accompagna jusqu'au poste, où nous entrions crottés jusqu'à l'échine et trempés jusqu'à la moelle. Heureusement une partie de nos bagages avait bifurqué le matin vers le poste où nous arrivions, et nous y trouvions des effets de rechange. Quant à nos braves petits chevaux, rafraîchis par cette pluie bienfaisante, ils se secouaient et, mettant le nez au ratelier, se jetaient à manger sans paraître se douter du poids qu'ils avaient porté pendant cinquante kilomètres.

Le poste de Pa-Lap est occupé par une section d'infanterie coloniale, sous les ordres d'un lieutenant. Comme tous les postes du même genre, c'est un camp qu'on a fortifié au moyen d'un parapet et d'un fossé, destinés à mettre la troupe à l'abri de toute surprise. A vrai dire les surprises ne sont guère à redouter, mais, la crainte étant pour les Chinois le commencement — et la fin — de leur sagesse à notre égard, il importe que des objets concrets viennent donner à leurs yeux un commentaire palpable et continu de la célèbre parole du Roi-Prophète.

Le lieutenant, prévenu de notre arrivée pour le soir et la nuit, nous avait fait préparer les meilleurs morceaux du répertoire de son cuisinier — et aussi de celui des chanteurs et artistes de sa section. Après dîner, en effet, un programme, dont je ne saurais mieux faire que de vous envoyer l'original[1], réunissait à un théâtre improvisé soldats et officiers. Le nommé Jouvenel, dont le nom émaille le programme, artiste et auteur (car on trouve de tout chez nos coloniaux), décochait au commandant un compliment fort bien tourné, ma foi, pour clore la cérémonie. Le commandant, ne voulant pas demeurer en reste, répondit par l'offre de quelques bouteilles, qui furent avalées avec satisfaction et reconnaissance par les artistes et les spectateurs.

Après quoi, un modeste lit de troupe nous attendait pour nous permettre de goûter les douceurs d'un repos bien gagné et de préparer nos forces pour la journée du lendemain. Nous avions, en effet, la perspective d'une prome-

---

[1] Il comprend 21 numéros variés : chœurs, duos, monologues, déclamations, romances, chansonnettes, etc..., plus une comédie vraisemblablement du cru : *Avant la revue.*

nade sinon plus longue, du moins plus pénible, surtout pour l'après-midi. Nous devions partir à cinq heures et demie. Malheureusement la pluie, qui, dans la nuit, avait repris de plus belle, tombait à grains drus et serrés au départ. Que faire? Attendre un peu, mais sans idée de reculer toutefois, au moins en ce qui concernait le commandant et moi, car le jeune docteur fraîchement émoulu de son école de Bordeaux, n'était guère monté, avant son arrivée au Tonkin, que sur le bateau de Marseille, et il ressentait, en dehors d'une courbature, un froissement assez sérieux des régions inférieures, dû au contact de la selle pendant la trotte de la veille. Si bien donc que, le temps s'étant remis au beau vers neuf heures, nous laissions sur place notre docteur prêt à regagner directement Fort-Bayard, tandis que nous remontions à cheval pour nous rendre au poste de Moc-Waï, situé dans une île, à une douzaine de kilomètres. Nous devions y déjeuner.

Nous nous dirigions depuis une heure à peine vers le point de la côte où se trouverait un bac pour traverser jusqu'à l'île, lorsque la pluie, reprise d'une nouvelle ardeur, se remet à nous asperger en conscience. « Ça fait rien, on marche quand même », comme dit la chanson, et nous voici à l'endroit indiqué pour la traversée. De bac, point : à peine quelques barques, mais mouillées au diable, et d'ailleurs sans voiles. Enfin, nous finissons par apercevoir sur l'autre rive un sampan mâté, celui-là même qui fait l'office de bac. Nous le hêlons, nous le faisons hêler par nos coolies — deux coolies nouveaux, ceux de la veille ayant réclamé du repos et ayant reçu l'honnête gratification d'une piastre pour deux : 1 fr. 20 par tête, — lesquels poussaient des exclamations en agitant désespérément leurs grands chapeaux. C'était, malgré la pluie qui tombait toujours, d'un comique achevé. Nous étions depuis près d'une heure déjà dans cette position d'attente quand, enfin, ô bonheur, nous apercevons la voile se hisser et le sampan se diriger vers nous. Une demi-heure après il accostait, prêt à recevoir bêtes et gens, qui s'y introduisaient par les procédés employés la veille au moment du départ. Il était près de midi quand nous débarquions, et nous avions encore une bonne heure de marche!

Enfin, dirigés par les coolies, qui nous avaient assuré bien connaître le pays, nous finissons par apercevoir une pagode, qu'au geste significatif de nos guides d'occasion nous prenons pour le poste. Nous y arrivons pour constater... que ce n'est pas lui : nos coolies nous avaient égarés! Or, il était une heure et demie, et notre déjeuner nous attendait au poste, dont le garde avait été prévenu de notre arrivée quelques jours auparavant. Que faire? Laisser quêter les coolies pour retrouver la piste. Cette solution nous réussit, d'ailleurs, car au bout d'une demi-heure nous touchions, cette fois, au bon endroit. Le pauvre garde, qui avait fait préparer un excellent déjeûner, voyant la pluie et l'heure avancée, ne nous attendait plus, et il avait ingurgité le meilleur des plats. Nous vîmes donc un homme bien désolé, que nous nous chargeâmes, d'ailleurs, de consoler rapidement en avalant, en sa présence, les reliefs de son festin avec un appétit féroce, tel un de mes vieux appétits d'autrefois.

Pendant le déjeuner, la pluie avait cessé, de sorte qu'après le café nous pouvions nous sécher au soleil en parcourant les rues du village près duquel est situé le poste. Suivis de toute la population, nous enfilions les rues encombrées d'enfants et de cochons, dans un costume identique, et presque aussi sales les uns que les autres. Quelques sapèques, jetées au milieu de la bande, nous valaient en peu de temps une popularité de bon aloi qui pourra, au besoin, nous servir quand il sera question d'élire des députés au Parlement de Pékin...

A trois heures et demie nous quittions Moc-Waï pour exécuter la deuxième partie de notre programme : la ren-

trée à Fort-Bayard. Cette portion de notre itinéraire a été
la plus mouvementée, forcés que nous avons été de traverser, par les moyens du bord, un bras de mer et un
grand canal. O mes enfants, quel *fourbi !* Heureusement
nous étions à marée basse : sans cela du diable si je serais
à cette heure en train d'écrire à mon bureau. Dans l'eau
et la vase jusqu'à mi-corps, parfois traînant péniblement
par la bride nos malheureux chevaux qui, grâce à des
prodiges d'équilibre et d'énergie, trouvaient moyen de se
tenir sur les jambes et de s'arracher à cette boue épaisse
dans laquelle un grand cheval aurait sûrement péri, nous
finissions par arriver à la nuit tombante en face de Fort-
Bayard, où, après une dernière opération de montée et de
descente en sampan, nous arrivions dans un état de saleté
repoussante, mais heureux et contents de notre équipée.
Je n'ai, pour ma part, à regretter que la perte d'un étrier
qui, moins chanceux que moi, n'a pas su se tirer des
boues du grand canal.

Bien petit ennui, en comparaison du plaisir et de l'im-
prévu de notre voyage.

VII

Un enterrement chinois

2 juillet 1902.

Un spectacle peu banal, et qui dépasse en fantaisie tout ce que pourrait inventer en France le cerveau le plus imaginatif, nous a été offert l'autre jour à la porte du camp.

La femme de l'interprète principal de la résidence, à laquelle la fumée de nombreuses pipes d'opium avait fini par parcheminer l'estomac à l'instar de celui de notre pauvre vieux chantre de Brain, de plainchantiste mémoire, rendit il y a quelques jours à Dieu son âme et ses os décharnés. En sa qualité de chrétienne, on devait l'enterrer près du cimetière européen, qui touche notre camp. Un matin donc nous attendions patiemment l'heure de la soupe, lorsque nous aperçûmes, se déroulant sur le chemin, une foule qui au premier abord paraissait former une procession en l'honneur de Bouddha. Mais bientôt nous distinguions, se dirigeant vers notre cimetière, un cercueil précédé d'une croix et d'un missionnaire.

Le temps de prendre mon casque, d'enfiler ma veste, et j'étais rendu près de la fosse en même temps que le cortège, assez tôt pour apercevoir, à portée du cercueil sur lequel le brave missionnaire récitait les dernières prières, un honorable Chinois, possesseur d'un appareil photographique qu'il avait mis en batterie, donner avec force gestes et explications des indications à deux coolies porteurs de couronnes, chargés de maintenir leur fardeau sur le cercueil à une place convenable pour que l'effet produit fût le plus artistique possible. Et ce, pendant que l'époux de la pauvre défunte, revêtu de ses habits aux couleurs les plus chatoyantes, discutait, la cigarette aux lèvres et de l'air le plus calme du monde, la manière dont les briques destinées à former le caveau avaient été disposées. Vous ne serez pas étonnés d'apprendre après cela que le cortège, encore plus indifférent que le mari à la cérémonie, s'était répandu autour des paniers de thé et de victuailles apportés là par des marchands qui l'avaient suivi, et qu'il réparait à belles dents et à coups de tasses de thé les forces consommées pendant le trajet de l'église de Fort-Bayard au cimetière d'Hoï-Téou.

Et comme je ne manquais pas d'exprimer mon étonnement, à la vue d'un pareil spectacle, au bon missionnaire que j'avais tiré par le bras pour l'emmener se rafraîchir et déjeuner à la popote, celui-ci m'expliqua que d'abord le jour de l'enterrement est un jour de réjouissance, personne ne mettant en doute que l'âme du défunt soit au Paradis; qu'ensuite, parmi les innombrables règlements auxquels se conforment les Chinois, existe celui-ci : le supérieur ne pleure jamais l'inférieur. Un fils pleurera son père : l'inverse ne se produira pas; un mari ne pleure jamais sa femme, tandis que la femme pleure son mari,... et ainsi de suite. Ces habitudes nous paraissent étranges, et c'est pour cela sans doute que nous en prenons si souvent le contrepied. Hum! n'a-t-on pas vu en effet, en notre beau pays de France, des neveux ne pleurer que d'un œil, sinon pas du tout, leurs oncles à héritage? Vérité donc en deçà de la Grande Muraille, — et quelquefois erreur audelà...

VIII

La pagode et le village d'Hoï-Téou

5 septembre 1902.

Fidèle à la promesse de ma dernière lettre, de vous faire une description d'Hoï-Téou, le village qui donne son nom à notre camp, à l'instar de notre bon vieux et si regretté curé de Brain, je prends mon « bacule », et sors du camp pour pénétrer dans le village.

A son entrée, et un peu sur la gauche, se trouve la pagode où les habitants se réunissent pour les cérémonies à Bouddha. Cette pagode, bâtie sur le même plan que toutes ses congénères, présente à l'extérieur la forme d'un rectangle entouré de murs de trois mètres de haut. On pénètre à l'intérieur par une porte, — naturellement, — et l'on se trouve immédiatement sous une vérandah à piliers, occupant l'espace indiqué sur le schéma ci-dessous :

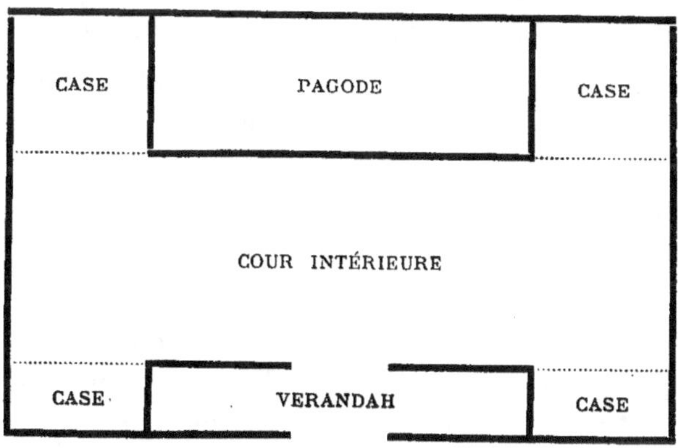

A droite et à gauche, occupant le surplus du côté du rectangle, existent deux cases. Dans celle de droite sont entassés, au milieu d'une saleté absolument repoussante, quelques objets du culte, tels que bannières, porte-statues pour les processions, etc.; ce qui n'empêche point d'y voir fumer le bois destiné à chauffer les écuelles de riz que se préparent à avaler quelques adorateurs isolés ou quelques gentlemen de l'endroit, locataires habituels de l'hôtel des Belles-Étoiles. Le tirage d'une cheminée étant remplacé, comme dans toutes les maisons d'ailleurs, par le courant d'air de la porte, la fumée, après avoir noirci les murs et les habitants, consent, lorsque courant d'air il y a, à s'échapper par l'issue qui lui est offerte. Vous pouvez juger de la fraîcheur et surtout de la couleur des insignes sacrés renfermés et enfumés ainsi toute l'année, comme renards dans leurs terriers !

La case de gauche, qui lutte de saleté avec la précédente, sert de logement au bonze. Ce vénérable vieillard, sec comme le coup de trique le plus sec, semble, en dehors de sa présence aux quelques rares cérémonies d'importance, ne s'être assigné d'autre occupation que de fumer consciencieusement l'opium à longueur de jour, et sans doute aussi de nuit. C'est d'ailleurs à cette pratique suivie qu'il est redevable de l'état de maigreur effrayante dans lequel il se trouve. Pendant les grosses chaleurs, nous menions nos animaux, pour le pansage, sous de magnifiques banians situés en avant même de la pagode, et dont les branches entrelacées formaient un véritable berceau de verdure, sous lequel panseurs et pansés se trouvaient à l'ombre. Quand j'étais de semaine il m'arrivait, pour ne pas rester constamment en place, de pénétrer dans la pagode vers la case du bonze. Jamais je n'ai pu le surprendre dans une autre position que celle du fumeur d'opium en opération. Il m'arrivait de m'approcher sur la pointe des pieds, et je le considérais, roulant amoureusement au-dessus de sa lampe une pipe qu'il fumait ensuite avec une délicatesse et un art auxquels j'ai tenu, du reste, à ne pas m'initier. Je dois à la vérité de déclarer que, toutes les fois qu'il m'apercevait, le vieux ne manquait jamais de tourner vers moi l'embouchure de sa pipe, avec une constance qui n'avait d'égale que celle du geste que j'employais pour repousser ses avances.

Je ne parlerai que pour mémoire des deux autres cases, attenantes à la pagode, et d'un modèle identique à leurs deux sœurs d'en face. J'entre directement dans la pagode elle-même, et me voici dès l'entrée devant une grande table, sorte d'autel laqué en rouge dans sa prime jeunesse, mais auquel les années et surtout l'absence complète de tout nettoyage ont donné une teinte assez difficile à définir, mais à la vérité fort peu appétissante. Sur cette table, en face de différentes effigies de Bouddha, brûlent des baguettes d'encens donnant l'impression de cierges minuscules ; près de ces baguettes se trouvent amassés des morceaux de papier en forme de cubes d'un centimètre ou deux de côté, de couleur argentée ou dorée. Ces papiers représentent les sommes d'or ou d'argent que les fidèles sont censés offrir à Bouddha, et dont celui-ci veut bien, paraît-il, accepter le paiement sous cette forme. Dommage que Bouddha n'ait pas crédit illimité chez les banquiers de Paris ! Mme Humbert aurait pu le prier d'endosser les traites de ses créanciers...

De chaque côté de l'autel veillent, dignes et immobiles, — et pour cause, — deux superbes guerriers de bois, montés sur de fougueux coursiers *idem*. Comme l'autel qu'ils sont chargés de garder, hommes et chevaux devaient resplendir autrefois de tout l'éclat de leur laque rouge, mais fidèles à leur poste ils ont vieilli, eux aussi, et pris la teinte dont à laquelle, comme écrirait Pandore, j'ai ci-dessus référé pour l'autel susnommé.

Dispersés çà et là, de petits autels particuliers sont alimentés, eux aussi, de chandelles d'encens brûlant devant des Bouddhas d'allure moins importante que celle des

Bouddhas de l'autel principal. Le long des murs sont posées deux chaises à porteurs, un dais sous lequel s'abrite le célébrant dans les processions, et un certain nombre d'étendards et d'oripeaux. Enfin, pour compléter le tableau, des nattes jetées çà et là permettent aux voyageurs fatigués de goûter en paix un repos bien gagné, et de tirer sur la pipe à l'abri des intempéries. Point de suisse ni de bedeau à redouter : on est chez soi, et l'on fait comme chez soi.

Sortons de la pagode, et enfilons la route que nous avons construite à travers le village, pour nous rendre de Fort-Bayard à Tché-Kam. Nous allons apercevoir immédiatement, suspendues à de longues tringles reliées à des piquets, des pièces d'étoffe, ou plus exactement de toile bleue identique à celle des blouses de nos gars d'Anjou. Cette toile, destinée à la confection des vêtements des hommes aussi bien que des femmes du peuple, est présentement entre les mains du teinturier. Les pièces actuellement à l'air sèchent après leur dernier lavage dans la teinte, en attendant l'opération destinée à leur donner un aspect lustré et poli. Cette opération est une des curiosités locales. Un petit schéma sera encore une fois préférable, je l'imagine, à une description par trop longue et détaillée.

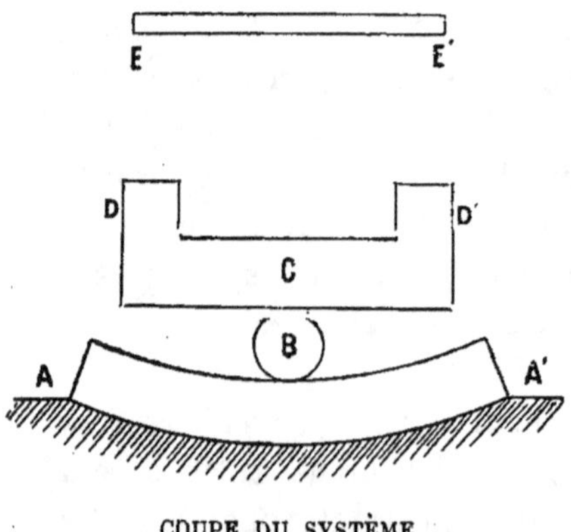

COUPE DU SYSTÈME

Supposez un cylindre en pierre AA', coupé suivant deux génératrices, et dont la partie restante est fixée à demeure sur le sol. La portion d'étoffe à travailler est placée dans ce segment de cylindre, dont la hauteur correspond sensiblement à la largeur du lé. Le polissage est opéré au moyen d'un rouleau de bois B, qui doit se mouvoir d'un mouvement lent et uniforme de l'extrémité A à l'extrémité A' de la portion de cylindre de pierre que je viens de décrire. Le beau de l'affaire est la manière dont est assuré le mouvement du rouleau B. A chaque bout D et D' d'une pierre C, située au-dessus et au contact du rouleau B, l'opérateur pose délicatement chacun de ses pieds, et prenant appui avec les mains sur une barre supérieure EE' fixée à un poteau, par une pression alternative et savamment rythmée de l'un ou l'autre pied, il imprime au rouleau B un mouvement de rotation dans la cuvette de pierre, et lisse ainsi la partie de toile qui y est étendue.

Ce système simple et pratique pourrait avantageusement servir à l'entraînement en chambre d'un Garin ou d'un Lesna; malheureusement la manœuvre n'en est pas, de prime abord au moins, aussi commode qu'on pourrait le croire. J'en parle par expérience, en ayant fait l'essai moi-même pour la plus grande joie du propriétaire de l'instrument, que ma gaucherie dans le métier amusait énormément, et qui en manière de compliment m'a lancé un « Toi pas connaisse » tout à fait significatif.

Quittant le teinturier et son instrument, nous allons trouver au pas de la maison voisine un des gros légumes de l'endroit, l'un des « concoks[1] » d'Hoï-Téou. Ce concok, comme tous ses collègues du même nom, est un des notables qui dans chaque village de la concession nous répondent, moyennant finances, du bon ordre et de la tranquillité dans leurs villages respectifs. Chaque village a plusieurs « concoks », de manière que l'un disparaissant à la cloche de bois, les autres soient là comme otages en cas de besoin. Celui dont je vous parle ne manque jamais

---

[1] Le terme *concok* désigne, à proprement parler, une assemblée de notables assez analogue à nos conseils d'arrondissement; l'usage, entre Européens, a étendu ce terme aux membres eux-mêmes de cette assemblée.

de me faire un salut des plus dignes et des plus militaires toutes les fois que j'ai occasion de passer devant son *home*.

Rendons-lui son salut, tournons à gauche, et nous voici dans la principale rue du village, dont la largeur varie entre deux et trois mètres, aucun agent-voyer n'ayant encore pris d'alignements, ni obligé les propriétaires à construire les façades de leurs maisons sur un emplacement donné. C'est la disposition moyenâgeuse dans toute sa splendeur, et la reproduction de l'entrée du bourg de Brain quand existait encore la vieille maison bossue remplacée depuis lors par le « Bon Marché » de l'endroit.

Je ne sais si, à l'époque dont j'évoque le souvenir, le bourg de Brain donnait une large hospitalité à la gent cochonnière des environs. S'il en était ainsi, il aurait eu ce point de ressemblance avec le village actuel d'Hoï-Téou, et d'ailleurs avec tous les villages chinois. Feu le père P..., votre digne adjoint, grand marchand de porcs devant l'Éternel, n'eût pas manqué de verser ici des larmes de joie sur sa « petite marchandise », en voyant comme les cochons sont chez eux! De braves mères de famille allaitent au milieu de la rue toute leur nichée avec une douce et tranquille sérénité, sans que personne songe à troubler leur quiétude et celle de leur progéniture. Virgile est à cent longueurs en arrière!

Aussi bien traités, les cochons ont dépouillé toute notion de sauvagerie, même vis-à-vis des Européens, qu'ils semblent regarder d'un œil indifférent, quand ils les croisent dans la rue. Ils ont de ce chef une grande supériorité sur les femmes chinoises qui, je crois vous l'avoir déjà dit, fuient comme la peste le regard de l'Européen. C'est à peine si, depuis trois ans que nous sommes sur place, quelques-unes, moins bêtes que la généralité des autres, ne s'enfuient pas, à notre approche, au plus profond de leurs maisons. Quand elles n'ont pas cette ressource, elles font demi-tour en nous permettant d'examiner à loisir leur ligne de dos, se cachant au besoin la figure dans leurs mains. C'est d'un comique achevé.

Je vois qu'il me reste encore un certain nombre de détails à vous donner sur Hoï-Téou et ses habitants : j'aurai, je le pense, matière nouvelle pour d'assez longs développements. Nous continuerons donc notre promenade la prochaine fois, au point où va la laisser le départ du courrier.

18 septembre 1902.

Je rentre dans Hoï-Téou, et toujours armé de mon « bacule » pour pouvoir caresser, en cas de besoin, le dos d'un Chinois, voire même d'un cochon encombrant le passage, je continue ma route, et arrive en face d'une grande construction édifiée par un notable commerçant chinois, au moment où le camp d'Hoï-Téou servait de refuge à toutes les troupes de la garnison. Lorsque les constructions neuves de Fort-Bayard furent assez avancées pour y loger l'infanterie, le Chinois suivit le bataillon et loua son fonds de boutique à deux Annamites qui s'associèrent pour continuer, à la seule batterie restant à Hoï-Téou, les services de bouche que rendait leur prédécesseur à tout le bataillon.

Mal leur en prit, à ces pauvres Annamites, au moins à l'un d'eux, d'avoir accepté la succession du Chinois; car quelques mois plus tard, au moment de mon arrivée à Quang-Tchéou, ils étaient attaqués un soir par une bande de pirates qui tuait l'un et laissait l'autre pour mort, après l'avoir taillladé de la belle façon à coups de *coupe-coupe*. Il retrouva pourtant assez de force pour venir, après leur départ, donner au camp des renseignements sur l'incident. Je vous ai parlé de la chose en son temps, assez brièvement, en vous annonçant la perspective où j'étais d'assister à l'exécution capitale de quelques-uns des auteurs de cet acte de piraterie, repris par la suite et remis entre les mains de la justice.

Celle-ci, que nous avons eu l'aberration d'organiser pour les Annamites et les Chinois sur le gabarit de France, procède, comme celle de la métropole, avec une lenteur telle, que depuis plus de six mois qu'a eu lieu l'affaire, l'ordre d'exécution n'est pas encore revenu de Hanoï. Une pareille attente rendrait fou un condamné à mort en France, mais laisse parfaitement impassibles nos condamnés chinois, qui attendent sans doute la mort avec autant d'indifférence que ce moribond dont me parlait l'autre jour le P. Ferrand. Il agonisait près du cercueil à lui destiné, que sa famille avait en toute hâte envoyé quérir, dans l'intention sans doute de lui permettre d'examiner à son aise son futur logement. Précaution un peu trop hâtive, du reste, puisque le malade revint à la santé, et qu'on dut reporter le cercueil chez le fabricant, lorsqu'il fut démontré que l'emploi en devait être désormais différé.

C'est d'ailleurs un trait caractéristique du mépris absolu de la mort et de tous les objets qui peuvent en rappeler l'idée, que l'étalage, à la devanture de chaque menuisier, d'un certain nombre de cercueils qui permettent de calculer, comme dit Baudelaire :

> Combien de fois il faut que l'ouvrier varie
> La forme de la boîte où l'on met tous ces corps.

Nous passerons tout à l'heure devant une fabrique de ces « bières », — d'un genre tout différent de celle de Tantonville...

En attendant, quittons le lieu du crime qui m'a entraîné dans cette digression macabre, et pénétrons dans la maison voisine, qui, depuis l'assasinat, sert de logement aux linns des concoks.

Je vous ai parlé l'autre jour des concoks ; le mot *linn* vous est déjà familier pour désigner des soldats, vous savez donc maintenant aussi bien que moi ce que veut dire « linns des concoks ». De soldats, ces messieurs n'en ont guère que le nom : ce sont, à proprement parler, des agents de police, ou plutôt des gardes-champêtres, armés toutefois de fusils que l'autorité française a remis aux concoks pour assurer la paix et la tranquillité sur le territoire de la commune. Ces linns sont donc les « Thierry » de l'endroit ; mais, moins consciencieux que leur collègue de Brain, ils ne demandent pas toujours au maire de la commune la permission de faire « jour de convalescence » ; ils se tirent même parfois les grègues sans esprit de retour, et sans se gêner pour emporter armes et munitions. Heureux lorsqu'ils ne se joignent pas aux pirates pour faire le coup de feu, comme la chose paraît démontrée pour deux d'entre eux dans l'assassinat d'Hoï-Téou.

En face des linns, et sous leur surveillance, est établie la maison de jeux. L'opium et le jeu sont deux grosses passions de Messieurs les Célestes. Ils satisfont la première à domicile ; pour la seconde ils vont généralement au tripot. Depuis le mandarin de première classe jusqu'au dernier des malheureux, chacun va risquer sa pauvre galette au jeu de bac-quang. J'avoue ne pas connaître dans ses détails ce noble passe-temps, mais j'en sais au moins le principe. Comme vous allez le voir, il ne le cède en rien, pour la bêtise, à ses congénères de France, la roulette ou les petits chevaux.

Sur une table sont placées en tas devant un banquier des sapèques percées au centre, et obéissant ainsi au mouvement que leur imprime une baguette tenue en main par le banquier susnommé. Celui-ci en saisit une poignée qu'il place à une certaine distance sur la table. Il recouvre cette poignée de sapèques d'une demi-sphère creuse, et prend soin de retirer toutes celles qui pourraient en dépasser les bords. C'est le moment du : « Allons, Messieurs, faites vos jeux ! » Ces Messieurs obtempèrent en posant, dans l'une quelconque de quatre cases numerotées, qui une piastre, — ce sont les gros pontes, très peu nombreux, — qui vingt sous, qui des sapèques, qui même des boutons de culotte. Le sacramentel : « Rien ne va plus » prononcé, le banquier soulève la demi-sphère, et délicatement retire vers lui avec sa baguette les sapèques par lot de quatre. Les heureux gagnants sont ceux qui ont eu le nez de ponter sur le numéro du tableau correspondant au nombre de sapèques restantes. Ils sont rémunérés dans des conditions que j'ignore, mais qui, sans aucun doute, laissent au banquier le moyen de ne jamais se trouver en débet. Je crois inutile d'ajouter que l'habit n'est pas de rigueur comme à Monte-Carlo pour pénétrer dans les salles ; à peine même le caleçon de bain est-il de mise pour les joueurs au-dessus de quinze ans....

Lorsque, quittant la maison de jeux, nous aurons jeté un coup d'œil chez le pharmacien de la localité qui, derrière ses lunettes, sera occupé à classer dans une foule de tiroirs les racines et les herbes destinées à guérir les vivants, quand elles n'accélèrent pas leur descente chez les morts; lorsque nous aurons salué au passage un mercier et un épicier, dont je ne vous détaillerai pas, — et pour cause, — les marchandises, me contentant de vous dire que les unes et les autres dégagent une odeur que l'on n'est point habitué, Dieu merci ! à respirer chez leurs confrères de France, nous aurons parcouru une deuxième rue d'Hoï-Téou, et tournant à droite, nous en enfilerons une troisième qui nous conduira jusqu'au marché, dont la description terminera ce récit.

Je ne veux pourtant pas suivre mon chemin jusqu'au point terminus sans m'arrêter un instant devant la boutique d'un menuisier dont je citerai pour mémoire les cercueils figurant à sa devanture. Je crois intéressant de vous signaler la manière dont il travaille le bois, à la façon du pays, du reste. Assis sur une planche formant établi, il assujettit le morceau à travailler entre ses pieds, aussi bien qu'avec un excellent étau, et lui fait subir toute la préparation désirable sans qu'aucun de ses doigts de pied paraisse se trouver mal à l'aise de la pression énorme exercée sur le bois. Je vous autorise à livrer le secret au père Ci...., sans aucune crainte d'ailleurs de lui voir faire concurrence là-dessus aux menuisiers chinois, ses confrères. S'il ne lui manque pas l'agilité des pieds, il possède en revanche un bedon qui s'accommoderait fort mal de la position du menuisier travaillant assis et les jambes recroquevillées sur son établi !

Comme deuxième curiosité nous allons faire une station chez le Bordereau de l'endroit, le principal fabricant et fournisseur des objets du culte. Ceux-ci se réduisent d'ailleurs, en dehors des bougies de cire ou d'encens, à des emblèmes symboliques en papier. Je me suis amusé plusieurs fois à contempler les artistes de la maison dans la confection des fioritures sur les bougies, et j'ai admiré la patience, et presque le talent, avec lesquels ils opèrent. Quant aux emblèmes religieux en papier, ils consistent pour la plupart en chevaux et en maisons, qu'on promène dans les cérémonies, et en particulier aux enterrements. Plus la maison et les chevaux qui suivent le cortège sont beaux et de grandes dimensions, mieux sera logé le mort chez Bouddha, plus il aura un train de maison convenable. Quant à essayer de faire sortir cette croyance de la tête d'un chinois, il paraît que ce n'est guère facile, et que le zèle et la diplomatie des missionnaires n'y réussissent que bien lentement.

Finissons notre promenade par le marché, qui avant notre arrivée se tenait au beau milieu des rues du village, et que nous avons réussi à reléguer tout à fait en bordure, sous des paillottes construites aux frais de l'administration, et sous lesquelles les échanges peuvent désormais s'opérer à l'abri de la pluie et du soleil. Et pourtant telle est la force de l'habitude chez ce peuple chinois, qu'il a fallu beaucoup de temps et de patience pour obtenir que les transactions

aient lieu au marché, et non dans les rues comme auparavant.

Les principales denrées du marché consistent en poulets,
canards, cochons, riz, maïs, canne à sucre, instruments
agricoles. Un poulet de grain vaut dix sous, un gros poulet
quinze sous. Quant au prix des cochons, je ne le sais pas
au juste; en tous cas ces intéressants animaux sont une des
grandes sources de revenu. Aussi a-t-on pour eux tous les
égards, et ne les amène-t-on au marché que portés par des
coolies. Le cochon est introduit, tender en avant, dans un
panier de bambou en forme de cylindre ajouré, où il se
prélasse comme un pacha, tandis que les coolies peinent
pour son transport. C'est tout à fait couleur locale !

De nombreux restaurants permettent aux gens de se
substanter moyennant quelques sous, voire même quelques
sapèques, d'un bol de riz, d'un morceau de viande, ou de
poisson et d'un peu de thé. C'est à peine si quelques heureux
vendeurs s'offrent du « choum-choum », sorte de tord-
boyaux qui les congestionne et les rend malades pour le
reste de la journée. Ah! si le clos Longuenée était connu à
Quang-Tchéou !

Et je rentre au camp, après avoir consigné mes
impressions, en songeant.... que « ça se tire » de plus en
plus....

IX

Exécution d'un pirate

14 octobre 1902.

Ma chronique va traiter aujourd'hui d'un sujet que je ne puis mieux faire, pour vous mettre tout de suite sur le terrain de la narration, que de qualifier de « deibleiresque ». Encore est-il que ce qualificatif cloche, comme toute comparaison, puisque la machine à Deibler est remplacée ici par le vulgaire « coupe-coupe ».

Donc, mercredi dernier, un des gardes principaux résidant à Pointe-Nivet venait me prévenir aimablement de l'exécution pour le lendemain, à Po-Tao, — 12 kilomètres de Pointe-Nivet, — d'un pirate pris quelque temps auparavant. Cet honorable Céleste n'avait sur la conscience que de simples peccadilles, dont les plus marquantes étaient une douzaine d'assassinats, un nombre indéterminé de rapts de Chinoises qu'il avait vendues, et une quantité impossible à décompter de vols à main armée. Il avait donc été décidé que ce brave homme ne pouvait avoir d'autre récompense pour ses peines qu'un voyage ultra-rapide chez Bouddha, et il avait été prononcé que Po-Tao ayant été le centre de ses exploits, on profiterait d'un jour de grand marché dans cette localité pour y exécuter la sentence.

Les « paniers à salade » de la Préfecture de police n'étant pas encore en usage dans ce pays, le patient devait partir le lendemain matin de la prison de Pointe-Nivet, et arpenter ses 12 kilomètres à pied pour arriver sur le lieu du supplice à 8 heures du matin. J'avais été convié à coucher le soir à Pointe-Nivet pour assister le lendemain au réveil du condamné, à sa ballade matinale, et enfin à son exécution. Je n'avais garde, bien entendu, de manquer cette occasion de faire mon petit Paul Bourget, et d'examiner « l'état d'âme » de ce condamné, pour pouvoir le comparer à celui dont la description ne manque jamais d'être faite, pour chaque condamné de France, lors de son exécution, par le *Petit Journal* et autres feuilles de la même famille littéraire.....

En effet, jeudi matin, je me rendais en compagnie de deux gardes principaux, l'un remplissant les fonctions d'agent de police, l'autre chargé de commander l'escorte de conduite, réveiller le condamné. C'était au lever du jour. Au milieu des autres prisonniers, tous munis de la cangue, le pied droit pris dans un anneau fixé à une énorme barre de fer, scellée elle-même par une de ses extrémités à un mur de la prison, et munie à l'autre bout d'un solide cadenas, notre homme était assis sur le bat-flanc, semblant respirer avec indifférence l'atmosphère empuantie de ce lieu où vingt indigènes, condamnés eux-mêmes à diverses peines, avaient passé la nuit empilés les uns sur les autres. Lorsqu'on eut reconnu le numéro de sa cangue, seul signalement qui permît de l'identifier, on pria un milicien indigène de le prévenir de la promenade matinale qu'il allait avoir à faire et de la petite séance qui devait la terminer.

Avec une émotion que je ne saurais mieux comparer qu'à celle d'un bœuf auquel le boucher ferait part de l'obligation où il va se trouver de lui donner dans quelques instants le coup de massue final, notre patient dégagea tranquillement et sans saccade son pied de la barre et se laissa non moins tranquillement attacher les coudes derrière le dos, à l'aide d'une ficelle dont l'extrémité libre était tenue en main par un milicien, de telle sorte que le tableau du conducteur et du conduit pouvait rappeler assez celui de nos cochons tenus en laisse par leurs propriétaires sur nos chemins d'Anjou.

Pendant ce temps, désireux de savoir si sous ce calme physique du condamné ne se cachait pas une violente tempête morale, j'interviewais incontinent le *doy* (sergent) milicien de notre escorte, et lui posais la question : « Lui content ? lui pas content ? », à laquelle l'interviewé répondait sans la moindre hésitation : « Lui s'en f... », ce que nous traduirons en français : « La chose lui est parfaitement indifférente ».

Et nous voilà en route pour Po-Tao, notre patient marchant en laisse à la tête du cortège, encadré sur les côtés et par derrière d'une quinzaine de miliciens. Je crois inutile d'ajouter qu'à aucun moment on ne s'est vu dans l'obligation de le soutenir par suite de défaillance ; au contraire, quand parfois le train se ralentissait, il était le premier à piquer un petit temps de pas gymnastique pour rattraper les moments perdus.

A 2 kilomètres du point d'arrivée, il s'adressa tout en marchant au sergent indigène, qui nous traduisit ainsi la conversation : « Lui dire lui vouloir manger avant faire *tiet* (mourir) ; quand ça lui fini faire *tiet*, y en a pas moyen manger. » En arrivant sur le lieu du supplice, on s'empressa d'ailleurs d'obtempérer au désir de ce brave homme, dont l'unique préoccupation était de pouvoir faire à l'œil, au moins une fois dans sa vie, un excellent repas.

A 8 heures nous étions à Po-Tao, où nous attendaient, rangés en bataille, les miliciens de ce poste et les linns du concok. La place même du supplice était marquée par une natte sur laquelle devait prendre place le condamné. Mais auparavant celui-ci tenait à paraître devant Bouddha le ventre plein, et nous dûmes assister à son dernier déjeûner. Le cortège s'arrêta donc à cent mètres de la natte, et on apporta le repas demandé, consistant en un canard, des poissons, du riz à discrétion et du *choum-choum* (eau-de-vie de riz).

Ce fut pour nous autres Européens qui assistions à ce

spectacle, surtout pour ceux qui comme moi le voyaient pour la première fois, le moment le plus impressionnant. Songer que cet homme qui était là devant nous, dévorant à belles dents son canard tout entier, buvant son choum-choum et enfournant ses écuelles de riz avec le calme le plus absolu et du meilleur appétit, allait être dans un instant un cadavre sans tête; qu'il le savait, qu'il voyait la place même de son supplice et l'apparat de la circonstance! Il est impossible de croire, avant de l'avoir vu, à un pareil mépris de la mort, et l'on se demande vraiment si l'on a devant soi un homme ou une bête. J'avoue franchement qu'à ce moment, sans être dans un état d'énervement qui n'est pas dans mon caractère et que je laisse aux femmes, j'étais certainement remué et souhaitais la fin de ce spectacle.

Elle eut lieu d'ailleurs une demi-heure après, non sans que le condamné ait mis à la fin les bouchées doubles, pressé qu'il fut d'en finir. Il arriva, toujours tranquille, sur sa natte, s'y mit de lui-même à genoux et les mains à terre, tendant le cou sans regret, et mâchonnant dans cette position sa dernière bouchée, tandis qu'un interprète lui donnait lecture de la sentence. Cette lecture terminée, le bourreau s'approchait, et d'un coup de *coupe-coupe* manié d'une seule main lui tranchait la tête qui tombait à terre, pendant que l'artiste exécutait avec son coupe-coupe deux moulinets d'un air triomphateur.

Justice était faite, et je rentrais à Fort-Bayard avec un souvenir de plus de mon séjour à Quang-Tchéou. Un pareil spectacle n'est évidemment pas une partie de plaisir, mais je suis heureux néanmoins de l'avoir vu une fois, car j'en ai rapporté une impression certainement peu banale sur le caractère chinois.

Angers, imp. Germain et G. Grassin. — 1680-3.